Général DRAGOMIROF

L'ART DE VAINCRE DE SOUVOROF

PARIS
HENRI CHARLES-LAVAUZELLE
Éditeur militaire
10, Rue Danton, Boulevard Saint-Germain, 118

(MÊME MAISON A LIMOGES)

L'ART DE VAINCRE

DE SOUVOROF

(Commenté par le général Dragomirof)

Général DRAGOMIROF

L'ART DE VAINCRE

DE SOUVOROF

PARIS
HENRI CHARLES-LAVAUZELLE
Éditeur militaire
10, Rue Danton, Boulevard Saint-Germain, 118

(MÊME MAISON A LIMOGES)

[illegible]

[illegible]

[illegible]

[illegible]

[illegible]

[illegible]

[illegible]

L'ART DE VAINCRE

DE SOUVOROF

(Commenté par le général Dragomirof)

INTRODUCTION

L'Art de vaincre ne fut pas édité du vivant de son illustre auteur; il ne provoqua pas de commentaires de ceux qui l'avaient enseigné ou qui l'avaient appris sous la direction de Souvorof lui-même. Aussi serait-il resté à peu près incompréhensible maintenant si Souvorof, pendant la campagne d'Italie de 1799, n'avait pas jugé nécessaire d'en faire part aux Autrichiens. Il leur communiqua, dans des ordres habituellement très courts, les principes fondamentaux de son «art de vaincre» et ces ordres en sont un excellent commentaire. Mais là encore, fidèle à son système, Souvorof ne dit que ce qu'il est nécessaire de faire et se laisse rarement aller à expliquer le «pourquoi» de cette nécessité, abandonnant aux événements eux-mêmes le soin de justifier la sagesse de ses exigences. Je me suis résolu à donner, dans la mesure de mes forces, une explication à ce «pourquoi». Je ne prétends ni à l'infaillibilité, ni même à la suffisance de mes explications. En les donnant je me suis moins laissé guider par l'intention trop présomptueuse d'arriver à une interprétation irréprochable que par le désir d'attirer l'attention des lecteurs et des écrivains militaires sur cette œuvre, étrange à première vue, de notre grand pédagogue militaire. C'est grâce précisément à cette étrangeté que « l'art de vaincre » est entré profondément dans le cœur de l'homme du peuple, de sorte que plusieurs de ses aphorismes sont devenus des adages militaires en honneur non seulement chez nous, mais même à l'étranger, bien que cet « art de vaincre », resté incompris, ait été jusqu'ici oublié et délaissé.

Mais quelle a été la cause de cet oubli, de ce délaissement ? — On se pose involontairement cette question quand on est arrivé à pénétrer un peu le sens de cette étrange production du génial vieillard, qui est fondée tout entière sur une profonde compréhension de la nature morale de l'homme et des modifications qu'elle subit sous l'influence du danger. Cette grande particularité de « l'art » a été la première cause de ce qu'il n'a pas été compris. J'ai déjà fait remarquer plus d'une fois la contradiction qui existe entre la logique du temps de paix et la logique du temps de guerre ; j'ai fait remarquer aussi que la première étant plus accessible, plus tangible pendant la paix, attire plutôt à elle et amène ainsi à oublier la situation de l'homme pendant le combat et, par suite, les exigences de la guerre. Il est clair qu'une œuvre qui n'a exclusivement en vue que ces dernières risque, par cela même, de rester longtemps incomprise et, conséquemment, délaissée.

« L'art de vaincre » se compose tout entier de phrases courtes, détachées ; c'est encore là, à notre avis, une cause de son succès auprès du soldat et du peu d'intérêt qu'il a excité chez les militaires, contemporains de Souvorof, qui avaient de l'instruction ou des prétentions à l'instruction.

On sait que ces contemporains le considéraient bien plutôt comme un original heureux que comme un homme pénétré de l'étincelle divine du génie de la guerre ; et c'est de ce point de vue qu'ils jugeaient sa science et ses victoires.

Celles-ci tranchaient si vivement sur la routine de l'époque et avaient pour base un principe si simple que les savants d'alors, toujours en quête d'artifices, ne pouvaient les regarder que comme d'heureux hasards.

En quoi consistait ce principe si simple ? — En ceci que, *si dans une armée le ressort moral, au lieu d'être brisé, se trouve au contraire tendu dans la limite du possible, on peut tenter avec elle les entreprises les plus désespérées sans risquer un échec;* on peut les tenter, même avec un plan d'exécution imparfait. C'est ce même principe qui constitue la base de « l'art de vaincre ». Souvorof comprenait excellemment cette chose bien simple que presque tous les hommes (à l'exception de ceux qui ont une trempe d'esprit exclusivement théorique) peuvent être capables d'une décision rapide; mais une décision absolument conforme aux circonstances données, et en même temps rapide, ne peut être le fait que d'un homme doué naturellement de qualités guerrières. Par suite, il s'efforce avant tout de développer la rapidité de la décision, c'est-à-dire ce qui peut être développé dans les natures les plus ordinaires. Les capitaines de génie se comptent à travers les siècles, tandis que les guerres se succèdent presque tous les dix ans; Souvorof formait son armée de façon qu'elle pût atteindre son but, même entre des mains peu habiles pourvu qu'elles fussent résolues.

A ces causes, qui n'avaient rien de particulièrement propice pour appeler sur « l'art de vaincre » l'attention spéciale de la partie instruite de la société militaire de Catherine II, vint bientôt s'en ajouter encore une autre, l'entraînement suscité par le dressage extérieur de l'armée frédéricienne, dont nous connaissons tous l'influence mortelle.

Le système de Frédéric se présentait sous un aspect de perfection achevée; il était d'ailleurs en vigueur dans l'Europe occidentale, et cela seul constitue souvent chez nous, même actuellement, un argument irréfutable d'utilité et de sagesse. Ce système était mesquin et, par suite, plus tangiblement logique, plus accessible à la plupart des intelligences ; la lutte avec lui était difficile pour un autre système, qui s'adressait à la fois à la nature morale et physique du soldat, mais qui n'offrait pas de limites bien précises et dans lequel, par suite de sa nouveauté, l'arbitraire ne se distinguait pas bien nettement de l'initiative (1). L'instruction de l'armée de Catherine, étrangère à toute réglementation, permettait à chaque chef, qui possédait une autorité plus ou moins grande, de conduire son affaire à sa guise.

Il y avait en cela du bon et du mauvais : du bon, parce que les hommes comme Souvorof n'avaient pas les mains liées; du mauvais, parce qu'en laissant les mains libres pour le bien, ce système les laissait libres aussi pour le mal. Dans des circonstances pareilles, aucun système ne pouvait se développer dans toute sa plénitude; les meilleures inspirations du génie n'étaient regardées que comme des caprices personnels et présentaient d'autant moins de garanties de durée qu'elles demandaient plus de réflexion pour être comprises. A ce moment même, où l'instruction a le champ libre et largement ouvert, mais ne possède pas de guide, on voit débarquer d'au-delà des mers un système, qui calcule tout au pied et au pouce, depuis l'élévation de la pointe du pied au-dessus du sol jusqu'à la longueur de la natte de cheveux ; qui, loin d'exiger de l'homme de guerre une indépendance morale, la considère, au contraire, comme une chose superflue, sinon nuisible, dans son métier; qui, enfin, se présente avec l'auréole des brillantes victoires d'un capitaine réellement illustre : ce système devait fatalement l'emporter. Une chose remarquable, c'est que, malgré la grande et évidente faculté de Souvorof de

(1) Qui est aussi l'arbitraire, mais dirigé vers le bien du service.

préparer son armée pour le combat (1), malgré la diffusion universelle de son « art de vaincre », il n'est venu à l'idée de personne de lui demander d'exposer son système, sous une forme plus accessible à la compréhension générale : on avait probablement très peu de confiance en lui et on le comprenait trop peu. Et ce n'est que maintenant, après plus de soixante-dix ans, que l'on commence quelque peu à voir jusqu'à quel degré son système d'éducation était profondément vrai au point de vue de la guerre et répondait parfaitement à l'instinct des masses.

« L'art de vaincre » compte parmi ces productions dont la forme peut vieillir, mais dont l'esprit reste éternellement jeune, éternellement immuable, comme la nature morale de l'homme.

L'armement peut changer et, avec lui, la manière de s'en servir; mais le bras qui l'emploie, mais le cœur qui anime ce bras, restent éternellement les mêmes.

Il nous a paru utile de faire précéder « l'art de vaincre » et les ordres de Souvorof des pages dans lesquelles Dubos-cage décrit les attaques traversantes, telles que les faisait exécuter Souvorof : elles rendront plus clair l'exposé de sa méthode d'instruction.

---

(1) Une preuve de l'efficacité de la méthode de Souvorof, c'est l'armée qu'il avait instruite : elle ne connaissait pas la surprise; elle ne pouvait être prise au dépourvu; elle se distinguait enfin par un esprit d'obstination si prononcé que, même dans les circonstances les plus désespérées, elle ne perdait pas courage et ne pouvait admettre que la victoire pût lui échapper.

EXTRAIT DE L'ŒUVRE DE DUBOSCAGE (1)

Précis historique sur le maréchal Souvorow.

L'art de la guerre pour le soldat comme pour l'officier consistait, d'après Souvorof, dans la *rapidité* de l'exécution et dans l'*intrépidité*, que ne pouvait arrêter aucun obstacle : ces deux vertus militaires devaient en outre être couronnées par une *obéissance* aveugle.

Pour obtenir la rapidité et l'intrépidité il fallait, à son avis, habituer les troupes aux événements de la guerre au moyen de manœuvres, si voisines de la réalité que le soldat pût considérer une *attaque véritable* comme une simple *manœuvre*.

En conséquence, Souvorof, fidèle à sa tactique préférée, de ne pas attendre l'attaque et d'attaquer lui-même, terminait toutes ses manœuvres par un *corps à corps*. Les troupes, quelle que fût leur force, étaient partagées dans ce but en deux partis.

Ces deux détachements, placés à une certaine distance l'un de l'autre, se formaient en bataille ou en colonnes plus ou moins profondes; puis ils se mettaient en marche simultanément. Quand ils étaient à 100 pas, les chefs faisaient les commandements nécessaires pour l'*attaque*, que l'infanterie exécutait *au pas de course* et la cavalerie *au galop*. Parfois l'infanterie attaquait la cavalerie en croisant la baïonnette, tandis que celle-ci se précipitait sur elle au galop. Parfois l'infanterie attendait sur place l'attaque de la cavalerie et n'ouvrait le feu que quand celle-ci se trouvait à vingt pas.

(1) Duboscage était un émigré français qui avait servi assez longtemps sous les ordres de Souvorof.

Le passage des lignes ou des colonnes, l'une au travers de l'autre, ne s'exécutait pas, comme dans les autres armées européennes, par les intervalles obtenus au moyen du doublement des unités, qui se reformaient ensuite; cette manœuvre, qui s'employait ordinairement pour le remplacement des lignes sous le feu de l'ennemi, ne correspondait nullement à l'attaque de Souvorof, dont il est question ici.

Cette attaque était un *corps à corps réel*, tel qu'il se produit effectivement à la guerre. Elle était exécutée par les deux partis, qui s'attaquaient réciproquement de front, qu'il fussent en bataille ou en colonnes, au milieu du feu de l'infanterie ou de l'artillerie et des cris de hourra! poussés par tous les fantassins et les cavaliers. Les officiers eux-mêmes commandaient : *Sabrez! à la baïonnette!*

Aucune troupe n'aurait osé, au moment du corps à corps, prendre de côté ou ralentir le mouvement. L'infanterie courait sur l'infanterie, la baïonnette croisée, et ne la relevait qu'au moment même de la rencontre. Alors chaque soldat, sans s'arrêter, prenait légèrement à droite, ce qui produisait de petits intervalles dans lesquels les hommes se glissaient et les deux partis se traversaient. D'ailleurs, par le fait même de la course le rang s'élargissait, ce qui favorisait aussi le passage.

Cette manœuvre n'était pas sans danger, quand la cavalerie marchait contre la cavalerie ou l'infanterie. Pour obtenir les intervalles nécessaires à la traversée des partis, les cavaliers des ailes, au moment du corps à corps, prenaient un peu de champ à droite et à gauche : les cavaliers du centre pouvaient alors se desserrer et c'est dans ces petits intervalles entre les cavaliers que l'on devait passer sans s'arrêter. Quand les deux adversaires se composaient de cavaliers, les intervalles étaient souvent insuffisants et alors il se produisait un véritable choc : les genoux s'en ressentaient. Il m'est arrivé plus d'une fois de voir des cavaliers désarçonnés et des genoux tellement contusionnés que les hommes restaient quelques jours, parfois même une semaine, sans pouvoir marcher.

Ces mouvements n'étaient soumis à aucune réglementation et ne visaient pas à la régularité; aussi la manœuvre en prenait-elle un caractère de ressemblance encore plus grande avec le combat. Il faut toutefois remarquer que l'ordre était si rapidement rétabli après la mêlée que, de loin, le spectateur constatait à peine un léger flottement dans les lignes au moment de la rencontre; il pouvait même difficilement se représenter comment ces masses d'hommes et de chevaux avaient pu se traverser sans choc; et cependant les accidents étaient rares.

On comprend que, pour des troupes entraînées aux manœuvres à la Souvorof, le combat n'offrait rien de nouveau. En effet la cavalerie avait pris l'habitude d'attaquer hardiment et intrépidement, l'infanterie d'accueillir son attaque avec calme et sang-froid. De pareils soldats attaquaient à l'arme blanche dans la réalité comme à la manœuvre; avec cette méthode d'éducation, les recrues valaient de vieux soldats éprouvés.

Enfin ce procédé d'instruction était aussi extrêmement profitable au point de vue du dressage des chevaux. Habitués à traverser l'infanterie au milieu de la fusillade et de la canonnade, les chevaux ne s'arrêtaient plus devant un ennemi stoïque capable d'attendre une attaque de pied ferme et de tirer jusqu'à la dernière minute. Avantage immense que les manœuvres actuellement en usage ne peuvent donner.

Souvorof ne négligeait pas les évolutions, en honneur dans les autres armées, mais dans les déploiements, les marches, les contremarches, etc., il ne voyait d'autre but que celui d'arriver à son attaque préférée, et cela le plus vite et le plus directement possible.

De temps en temps, il faisait exécuter la manœuvre par

la nuit la plus sombre et la terminait toujours par une attaque à l'arme blanche.

Dès ses premières campagnes, il s'était convaincu de l'utilité d'exercer les troupes aux manœuvres de nuit, afin que les surprises d'un combat de nuit ne fussent pas pour elles une nouveauté. Depuis, il ne s'est jamais écarté de cette manière de faire qui lui a valu de nombreux succès.

Souvorof recherchait tous les moyens d'habituer le soldat à ce qu'il exigeait de lui en présence de l'ennemi. Afin d'apprendre aux hommes à sabrer et à pointer, il faisait fabriquer des mannequins en paille ou en terre molle, sur lesquels la cavalerie et l'infanterie marchaient à l'attaque. Il exigeait rigoureusement que chaque homme portât ses coups sans s'arrêter. Il exigeait également que l'infanterie s'exerçât souvent au tir sur cibles; parfois il ordonnait même à la cavalerie de charger au galop sur des mannequins et de tirer sur eux avec des pistolets, afin qu'à l'occasion elle sût se servir de cette arme, à laquelle, d'ailleurs, Souvorof n'attribuait presque aucune importance. Aussi ce dernier exercice s'exécutait-il très rarement.

Enfin, pour apprendre aux troupes à attaquer des fortifications de vive force, il faisait construire des retranchements renforcés par des chevaux de frise et des palissades, entourés de fossés profonds et protégés par des abatis, des trous de loup, etc. — Après les avoir fait occuper par de l'artillerie et de l'infanterie, il exerçait les troupes à les attaquer, de jour et de nuit. Chaque corps était chargé, à tour de rôle, de l'attaque et de la défense.

Pour conclure, nous dirons que le feld-maréchal avait l'habitude de parler à ses troupes. Il terminait chaque inspection, chaque revue par un discours très long (qui durait quelquefois deux heures), dans lequel il expliquait avec force détails quelles sont les conditions nécessaires pour être bon soldat, bon officier. Il indiquait les fautes commises dans telle circonstance et adressait des éloges pour la conduite tenue dans telle autre. Enfin il communiquait à tous, dans ses discours, les bases générales de l'art militaire.

Est-il nécessaire, après cela, de s'étendre sur les causes de l'invincibilité des troupes de Souvorof ? Le dernier des soldats, entré dans la sphère de son influence, connaissait mieux la guerre, théoriquement et pratiquement, qu'on ne la connaît aujourd'hui en temps de paix dans n'importe quelle armée européenne, même des plus instruites. Il avait vu clairement que, pour vaincre, il faut avoir un soldat bien trempé intellectuellement, moralement et physiquement, et avait organisé son système d'éducation en rigoureuse conformité avec ce but et sans faire aucune concession. Le développement de la sagacité et, en particulier, de l'opiniâtreté du caractère, l'amoindrissement de l'instinct de la conservation, — autant que cela est possible dans un être animé, — la confirmation de l'esprit du dernier soldat dans la connaissance pratique de la guerre, — voilà le système de Souvorof dans toute sa simplicité et sa tangible grandeur. Pour son soldat, le combat n'offrait aucune surprise, parce que dès le temps de paix il avait ressenti les plus pénibles des impressions de la guerre ; il ne pouvait pas ne pas comprendre ce qui se faisait sur le champ de bataille puisqu'il avait des connaissances théoriques fondamentales sur le combat. Et si un homme a été habitué à n'être jamais surpris de rien, si en outre il sait ce qu'il fait dans son humble sphère, il ne peut être vaincu, il ne peut pas ne pas vaincre.

L'ART DE VAINCRE

NOTE PRÉLIMINAIRE. — *L'Art de vaincre* comprend deux parties ; un exercice pratique avant la parade de la garde et une instruction orale faite aux soldats sur les connaissances qui leur sont nécessaires. Elles diffèrent en ce que la première est la description d'une manœuvre effective, tandis que la seconde renferme la théorie du métier militaire; mais toutes deux, au lieu d'être exposées sur le ton narratif, sont, s'il est possible de s'exprimer ainsi, mises en action. Aussi, à première vue, il semble que Souvorof se répète : les mêmes phrases se retrouvent identiques dans les deux chapitres. Mais, en réalité, il n'y a pas là de répétition, puisque le premier présente l'exécution effective d'un règlement de manœuvre (1), tandis que le second est une instruction relative à l'art de la guerre et, par suite, à sa partie réglementaire; cette différence doit être constamment présente à l'esprit, quand on lit *l'Art de vaincre*. Comme il comprenait le public pour lequel il écrivait (2) et comme il savait que, plus chez l'homme de guerre la parole est proche de l'action, mieux cela vaut, Souvorof a donné à la seconde partie, de même qu'à la première, la forme d'ordres courts et énergiques, qu'il adresse au soldat en employant toujours la seconde personne, au lieu de se servir de la forme impersonnelle en usage dans les instructions générales. Même dans le cas où il juge nécessaire d'expliquer sa pensée, il évite soigneusement de la développer longuement : il se contente d'indiquer par quelques mots précis le chemin qui permet d'arriver jusqu'à elle par la réflexion. Tels sont, par exemple : « N'insulte pas

---

(1) Comme le comprenait Souvorof.

(2) C'est-à-dire les gens du peuple, qui aiment mieux agir que parler.

l'habitant — il nous donne à boire et à manger... C'est un péché de tuer inutilement — ce sont des hommes comme nous », etc.

En même temps, ce procédé d'exposition donne à l'instruction tout entière le caractère d'un recueil de proverbes qui se gravent facilement dans la mémoire et qui sont très accessibles à l'esprit et au cœur des gens du peuple.

PREMIÈRE PARTIE

Exercice avant la parade (1).

« La parade de la garde a une grande importance pour » l'instruction. »

« *Garde à vous! Bats l'assemblée! A l'exercice!* — Maniement d'armes et conversions au commandement, d'après » le guide, d'après le tambour. »

C'est-à-dire exécution des conversions et du maniement d'armes au commandement, d'après le tambour ou d'après le guide. On donnait le nom de guide à un homme qui sortait du rang et exécutait le maniement d'armes; le rang devait se conformer à ses mouvements.

« *Exécution des feux! Charge l'arme!* — Par pelotons, par » demi-divisions, par divisions. En chargeant, ne jamais » mettre la crosse à terre. La baguette saute, la balle n'est » pas solidement enfoncée. Observer l'ordre oblique; ap- » puyer fortement la crosse au défaut de l'épaule droite; » abattre le canon dans la main gauche: la balle frappera à » la ceinture. Tirer à blanc; on peut aussi tirer à poudre. » Nettoyer son fusil entre les factions. Tirer de une à deux » cartouches. »

Feu par peloton (le peloton correspondait à notre demi-section), par demi-division, par division. Faire attention à ne pas mettre la crosse à terre pendant la charge, de peur que la baguette, en sautant, ne pousse pas entièrement la balle jusqu'à la charge: c'est sans doute un préjugé de

(1) Le texte de Souvarof est entre guillemets: il est suivi des commentaires du général Dragomirof. Les mots écrits en italique sont les commandements.

l'époque. Les règles suivantes étaient alors en usage pour le tir à rangs serrés et pour la visée.

Le tir à blanc ou à poudre était employé presque seul, parce qu'on supposait que les hommes sauraient tirer avec des cartouches de guerre quand ils auraient tiré avec des cartouches à blanc. L'efficacité négligeable du feu à cette époque et sa faible portée rendaient cette opinion très soutenable; elle rappelle l'idée de ceux qui prétendent maintenant que l'homme exercé à tirer à des distances fixées saura également le faire quand la distance sera inconnue. D'ailleurs, Souvorof lui-même n'était pas d'avis qu'on pût apprendre le tir av[illegible] des cartouches à blanc; nous en aurons la preuve plus loin.

Nettoyer son fusil quand on est relevé de faction, parce que cet exercice avait lieu avant la parade de la garde.

« *Commence par les pelotons d'attaque!* — Pas de signal » de halte; le tambour bat la marche; tirer de une à deux » cartouches. »

La manœuvre s'exécutait, les pelotons s'avançant successivement de deux en deux à l'attaque et tirant de une à deux cartouches, parce qu'elle était prescrite ainsi par le règlement. Mais Souvorof avait d'autres idées sur le tir.

Le lecteur peut voir d'ailleurs que, de ces trois premiers paragraphes, il reste peu de chose qui soit applicable maintenant.

« *Attaque la première ligne ennemie à la baïonnette!* » *hourra!* Les chefs de section commandent: *Pointe!* » *Pointe!* — Les soldats crient: *hourra!* — Court signal » de halte.

» La cavalerie ennemie accourt au galop pour secourir » son infanterie. *Attaque-la!* — Ici, diriger la baïonnette » vers le ventre du cavalier; il arrive que la baïonnette » atteint le cheval à la tête, au cou, en particulier au poitrail. Court signal de halte.

» *Attaque* la seconde ligne ennemie, ou bien, si ce sont

» les réserves ennemies, *attaque-les! Halte!* c'est la fin. »

Dans l'exposé de ce simulacre d'attaque, ce qui frappe surtout, c'est la tendance à ne pas permettre au soldat d'oublier un seul instant, bien qu'il ne s'agisse que d'une manœuvre, quelle action elle représente. Dans tous les commandements, il faut absolument désigner qui on doit attaquer (la première ligne, la seconde ligne, la cavalerie); ce n'est que par ce moyen qu'on peut faire comprendre au soldat le développement du combat et les circonstances auxquelles il doit faire face. Souvorof n'admettait pas les attaques sur un terrain nu, dans le vide. Dans un de ses ordres aux Autrichiens, qui ne le connaissaient pas, il dépeint encore plus vivement cette minute : « alors il n'y a plus que le sang ».

Il me revient ici à l'esprit ce passage sur l'attaque, que j'emprunte au récit d'un homme de guerre : « Tous ceux qui vont à l'attaque doivent se souvenir que leur rôle brillant dans cette scène militaire ne se terminera que lorsque leur baïonnette sera entièrement rouge de sang ennemi. »

Ce genre d'attaque ne peut s'exécuter que contre un but visible, ainsi qu'il appert clairement des instructions aux Autrichiens.

« Troisièmement, attaque traversante. La troupe s'aligne » en un instant. En avant! que personne n'ose reculer d'un » quart de pas. »

Attaque avec un ennemi représenté ou attaque traversante. Dans ce but, les hommes s'alignent rapidement et toujours en avant. Souvorof ne souffrait pas le plus petit mouvement de recul : on comprend pourquoi.

« *Marche! par sections, par demi-divisions, par divisions!* » Pour la marche, les pelotons doublent pour former des » demi-divisions, ou bien celles-ci se dédoublent en pelo- » tons. Le pas du soldat est d'une archine (1); dans les

(1) Archine = 0m,71.

» conversions, d'une archine et demie. Le tambour commence, bat ses trois reprises; la musique le remplace et » joue la marche complète; puis, c'est le tambour. Ils se » remplacent ainsi successivement; battre et jouer plus » vite; le pas devient alors plus accéléré. Conserver exactement les distances entre les sections, afin que, revenues » au point de départ, elles s'arrêtent instantanément au » commandement; *Halte!* et se forment en ligne par une » conversion. »

L'exécution de cette évolution est compréhensible d'après le texte; son but est d'exercer les troupes à passer rapidement et avec précision de la colonne à distance entière à l'ordre déployé, qui était alors le principal ordre de combat de l'infanterie. Cette évolution exigeait des exercices répétés parce que sa bonne exécution dépendait de l'habitude qu'on avait prise de conserver rigoureusement les distances entre les sections et l'alignement en profondeur du côté de la direction. C'était le mouvement que l'on exécutait pour se former en bataille devant l'ennemi.

« *Seconde (ou première) moitié de la ligne, par files à gauche* » *(ou à droite) marche! marche à l'attaque!* A ce commandement, le tambour bat la générale. Converser en face » de la fraction restée sur place, en dehors du tir à mitraille. *Marche!* Les tambours battent la marche. A 160 » mètres du front ennemi, courir en avant de 10 ou 15 pas » à travers la zone de mitraille de la grosse artillerie de » campagne; à 120 mètres, opérer de même à travers la » zone de mitraille de l'artillerie régimentaire, et, à 60 pas, » à travers la zone meurtrière des balles. *Marche! Marche!* » *A la baïonnette! Hourra!* La ligne ennemie, à cette distance, reçoit l'assaillant par une fusillade et, à 30 pas, » elle se précipite elle-même à la baïonnette. Attaque traversante des deux partis. »

Pour exécuter l'attaque traversante, la troupe est partagée en deux moitiés dont l'une va s'établir, au moyen d'une conversion par files, en face de l'autre qui est restée sur place, à une distance supérieure à la portée de mitraille de cette époque, c'est-à-dire à plus de 160 mètres. Au commandement : *Marche!* commencer le mouvement; à 160 mètres de l'adversaire, courir 10 ou 15 pas afin de franchir plus rapidement l'espace battu par le tir à mitraille de la grosse artillerie de campagne; même manœuvre à 120 mètres pour diminuer l'efficacité du tir à mitraille de l'artillerie régimentaire, et à 60 pas pour diminuer l'efficacité du feu d'infanterie. Ce n'est pas seulement une mesure préventive contre le feu, c'est aussi la confirmation du mouvement en avant dans les moments les plus critiques. Il y a lieu d'ajouter que ce procédé était bon, alors que la mitraille se composait de balles de plomb qui n'avaient pas une grande portée. Cette manœuvre n'est plus applicable maintenant et se trouve remplacée par des bonds de position en position qui commencent à partir de 1.000 ou 1.500 pas de l'ennemi.

La moitié de la ligne restée en place ouvre le feu à 60 pas et, quand l'assaillant n'est plus qu'à 30 pas, elle s'élance elle-même à sa rencontre, la baïonnette baissée : les deux partis se traversent.

« On recommence de même une seconde attaque des » lignes. Les deux partis se rendent sur les emplacements » précédents, séparés de la même façon. Ils conversent en » colonne pour se déployer, si la place est suffisante. »

C'est-à-dire qu'après s'être traversés les deux partis reprennent la même distance qu'ils avaient avant l'attaque. Ils sont arrêtés, font demi-tour et exécutent une seconde attaque traversante, le dernier rang devenu premier.

« Les deux partis forment chacun une ou deux colon» nes, suivant l'effectif de la parade. *L'attaque se fera en* » *colonne! Marche!* Le tambour bat la marche. Quand ils » sont à 60 pas l'un de l'autre, *Marche! Marche! Attaque!*

» *A la baïonnette! Hourra!* Le fusil en équilibre dans la » main droite, les deux colonnes se traversent rapidement » en faisant le simulacre de pointer. »

Ce paragraphe a ceci de particulièrement remarquable qu'il admet l'attaque en colonnes à une époque où la tactique linéaire était maîtresse souveraine et où l'ordre déployé était considéré comme le seul ordre de combat commode. Il y a lieu, d'ailleurs, de penser qu'il a été ajouté plus tard en vue des procédés de combat des armées de la Révolution française : c'est une conclusion qu'on peut tirer de « l'instruction orale ».

« *Colonnes, formez les carrés! tirailleurs, feu dans le rang!* » *commence par les pelotons!* Ici le carré reste en place. » Les tirailleurs visent les éclaireurs et les cavaliers isolés, » en particulier les chefs; les pelotons tirent dans la » masse : ici le feu doit être de courte durée, c'est surtout » affaire de mitraille. Ensuite on se précipite à la baïon- » nette. *Marche! Marche! Attaque!*

» *A la baïonnette! Hourra!* Ce qui est figuré par une » attaque traversante en carré. *Les tirailleurs en avant!* » *Achève de frapper! de tirer! fais des prisonniers! sur les* » *cavaliers qui restent entre les carrés!* Le tambour bat la » première reprise du rassemblement. *Tirailleurs, à vos* » *places! Carrés, formez les colonnes!* même exécution que » ci-dessus pour les colonnes. »

Ici, on suppose une attaque de cavalerie; on forme les colonnes en carrés; on rappelle alors que, dans le combat, les meilleurs tireurs doivent, au moment de l'attaque, viser les cavaliers qui s'avancent isolément, en particulier les officiers; les salves de section doivent être dirigées contre les rangs serrés de l'ennemi; l'attaque repoussée, on anéantit les cavaliers qui n'ont pu s'échapper. L'expression « c'est surtout affaire de mitraille » explique la phrase précédente « le feu doit être de courte durée », c'est-à-dire qu'il doit agir comme la mitraille. Il est évidont que cette attaque suppose la présence de la cavalerie à cet exercice.

Fidèle à son idée fondamentale de développer autant que possible les instincts d'offensive, Souvorof, quand il enseigne l'attaque à un parti, enseigne en même temps la défense à l'adversaire, mais jamais nulle part il n'emploie le mot de défense.

« *Colonnes, formez les carrés! Carrés, marche! marche!* » *marche! Attaque! A la baïonnette! Hourra!* Ici, pas de » fusillade; l'attaque comme plus haut. »

Les colonnes se forment en carrés et exécutent une attaque traversante, mais sans tirer.

« *Carrés, formez la ligne déployée!* La fraction qui con» verse prend sa place dans la ligne, suivant les circon» stances, soit en colonne, soit par quatre. Le commande» ment est : *par files ou par quatre, à droite ou à gauche!* » *Marche vers l'emplacement précédent! Halte! Front!* Le » tambour bat la générale. »

C'est le rétablissement de la situation initiale, c'est-à-dire de la ligne déployée : la manœuvre est alors terminée.

« *Remarque.* — Ces manœuvres fondamentales, ces mar» ches et évolutions se font également dans les exercices » de bataillon, de régiment et de corps. »

C'est-à-dire que ces manœuvres essentielles, marches et évolutions s'appliquent également dans l'instruction des grands comme des petits détachements.

« Le chef peut-il demander un feu roulant? — C'est de » la bonne mise en joue que dépend le tir. Ici elle est mal » faite parce que, fatalement, on se hâte trop; mais, dans » la salve de section, on peut la vérifier. Le feu individuel » dans la bataille se produit de lui-même. Là, pour ména» ger les balles, chacun doit à chaque coup bien viser son » ennemi, de manière à le tuer. »

Faut-il exiger un feu roulant? L'efficacité du feu dépend

de l'exactitude de la visée, que l'on peut vérifier plus facilement dans le feu par section (on suppose toujours la visée horizontale, la seule possible avec les fusils lisses et dans le tir à blanc), tandis que, dans le tir par files, on ne peut surveiller la visée, et les hommes, d'ailleurs, s'agitent vainement.

Dans le combat, le feu individuel se produit de lui-même, car la précision des coups exige que chacun vise son ennemi de manière à l'atteindre.

La seule conclusion à tirer de là, évidemment, serait que, pour le tir de guerre, il est préférable d'employer l'ordre dispersé; mais pour un homme élevé dans la tactique linéaire, fût-il un génie, une pareille conclusion est impossible, d'autant plus que la baïonnette exige l'ordre serré et non l'ordre dispersé. Souvorof, même à la fin de sa carrière, ne put renoncer à cette idée et, dans son ordre n° 6 aux Autrichiens, il prescrit « d'avoir dans chaque escouade, au lieu de tirailleurs en ordre dispersé, quatre bons tireurs qui font feu de leur place de bataille (c'est-à-dire à leur rang et à leur file), mais qui peuvent aussi se porter quelques pas en avant. » Là on voit clairement exprimés et la compréhension des avantages de l'ordre dispersé et le désir de ne pas renoncer à l'ordre serré.

« La salve générale? A la parade, si on tire, on l'emploie » pour décharger les fusils. Dans une autre manœuvre, » elle ne sert que pour vérifier la mise en joue. Contre l'en- » nemi, elle ne convient pas! il peut pointer et sabrer » pendant qu'on recharge. »

La salve générale de toute la ligne peut servir pour décharger les fusils et pour vérifier la visée (comme on la comprenait alors, mais non comme nous la comprenons maintenant); mais, contre l'ennemi, une troupe ne peut s'en servir, parce qu'elle se trouve quelque temps sans défense. Il faut se souvenir qu'alors une salve efficace n'était possible qu'à soixante pas et que le chargement se faisait par la bouche.

« Le feu des pelotons d'attaque? Ceux-ci ne servent que » pour la marche en avant; mais, contre l'ennemi, cette » ligne brisée ne convient pas, parce qu'il peut la tailler » en pièces avec sa cavalerie, même si elle est peu nom- » breuse. »

Voilà l'avis de Souvorof sur le tir par sections pendant la marche d'approche; il y a été fait allusion plus haut.

« Le feu des pelotons en retraite? Mieux vaut ne pas » penser à ceux-ci; l'influence de la retraite est très dan- » gereuse pour le soldat, aussi ne doit-on jamais y penser » ni dans l'infanterie ni dans la cavalerie. »

Souvorof comprenait très bien que, sur le champ de bataille, ce ne sont pas les troupes qui ont été exercées à battre en retraite qui résistent avec le plus d'obstination en reculant, mais plutôt celles qui ont été habituées à considérer la retraite comme une honte ou, tout au moins, comme un malheur humiliant pour un vrai soldat.

Dans cette instruction, beaucoup de choses ont certainement vieilli au point de vue de la forme; actuellement, l'arme n'est plus la même et on emploie l'ordre dispersé que Souvorof avait pressenti sans se décider à le prendre. Mais les idées qui s'abritent sous ce manteau vieilli restent éternellement vraies. Ce sont les suivantes :

1° Exécutez les évolutions réglementaires, non seulement pour les exécuter, mais pour montrer aux officiers et aux hommes leur signification, leur application dans la pratique.

2° Pour obtenir ce résultat, ne comptez ni sur la théorie seule, ni sur la pratique seule : toutes deux doivent marcher la main dans la main. La pratique, avec Souvorof, consistait dans la manœuvre qui présentait, d'une façon aussi complète que possible pour le temps de paix, les circonstances de la guerre; la théorie comprenait l'instruction orale faite aux soldats sur les connaissances qui leur sont nécessaires. Cette instruction terminait invariablement toutes les manœuvres et, comme nous le verrons ensuite, ne pouvait pas ne pas se graver dans la mémoire de chaque soldat.

3° Ne comptez pas sur l'imagination dans l'exécution d'une manœuvre quelconque, c'est-à-dire ne faites aucun simulacre de manœuvre, mais organisez votre exercice de façon que le soldat puisse tout voir et ait à recourir le moins possible à son imagination.

4° Le soldat doit être prêt à tout, dans n'importe quelle formation; aussi montrez-lui une attaque de cavalerie et d'infanterie, quand la troupe est en ordre déployé, quand elle est en colonne et en carré, sur le premier ou sur le dernier rang, de manière qu'il ne s'habitue pas à croire que certaines situations exigent une certaine formation, toujours la même. Dans ces conditions, il n'y aura jamais de surprises pour lui.

5° Evitez, comme le danger le plus redoutable, tous les exercices qui favorisent l'instinct de la conservation personnelle et qui peuvent, en conséquence, lui fournir des aliments; donnez, au contraire, le plus grand développement aux exercices qui habituent l'homme à la ténacité, à l'impassibilité, à l'audace, à la présence d'esprit, qui le tiennent prêt à faire face à toutes les surprises; un soldat ainsi trempé saura très bien battre en retraite. Car, pour cela, ce qui est important, ce n'est pas de connaître le mécanisme du mouvement, mais bien d'être tenace, de n'avoir peur de rien et d'être audacieux.

6° Ne comptez pas uniquement sur la parole, quand vous voulez enseigner quelque chose à l'homme; par l'exemple, il s'assimilera beaucoup plus facilement et plus solidement une leçon que par le récit. Puis, quand il saura de quoi il s'agit, la parole est nécessaire pour le confirmer dans sa connaissance, pour lui communiquer des vues plus larges sur le sujet.

7° Ne vous inquiétez pas seulement de maintenir l'ordre mécanique, mais faites beaucoup plus attention à ce que la troupe, lorsqu'elle est en désordre, — ce qui est fatal sur le champ de bataille — sache se reformer rapidement. Souvorof pousse le côté, pour ainsi dire, matériel et tangible de l'instruction à un tel point qu'il apprend à ses hommes à se reformer non pas à la suite d'un désordre provoqué artificiellement, mais après le désordre qui est amené naturellement par la rencontre de deux troupes. Ainsi le soldat, tout en s'exerçant à rétablir l'ordre, apprenait en même temps à connaître quand il était particulièrement important de le faire et quand le désordre se produisait fatalement. En un mot, rien dans le combat, n'était une surprise pour le soldat de Souvorof; l'instruction du temps de paix ne lui réservait, pour le moment du danger, aucune embûche, aucun piège moral.

DEUXIÈME PARTIE

Instruction faite verbalement aux soldats sur les connaissances qui leur sont nécessaires.

Note préliminaire. — Cette théorie était faite, après chaque parade, par un officier supérieur du régiment qui avait fourni la garde, en présence de tous les généraux, des officiers supérieurs et subalternes.

« Les talons joints, les jarrets tendus, le soldat se tient » droit comme une aiguille. Je vois le quatrième, je ne » vois pas le cinquième. »

Sur les rangs, le soldat se tient droit comme une aiguille, ayant les talons joints, les jarrets tendus. Il s'aligne de manière à voir le quatrième soldat à partir de lui et à ne pas voir le cinquième.

« Le pas militaire est d'une archine, dans la conversion » d'une archine et demie; conserve les intervalles ! Le » soldat dans le rang sent le coude; trois pas d'un rang à » l'autre; en marche, deux; tambour, ne gêne pas. »

Dans les mouvements à rangs serrés, on fait le pas d'une archine; dans les conversions, d'une archine et demie. En marche, ne pas perdre les intervalles. Dans le rang, se placer coude à coude. Chaque rang se tient à trois pas du précédent; en marche, à deux pas.

« Conserve des balles pour trois jours et parfois pour » toute la campagne, s'il n'y a pas où en prendre. — Tire » peu, mais bien. Lance ta baïonnette avec force. La balle » manque son but, la baïonnette ne manque pas le sien; » la balle est une folle, la baïonnette est une luronne. »

« Frappe une fois! Rejette le mécréant de la baïonnette!
» Déjà mort sur la baïonnette, il t'égratignera le cou de
» son sabre. »

Ce paragraphe nous présente une appréciation magnifique des propriétés relatives de l'arme blanche et du fusil. Celui ci exige des munitions qu'on ne peut pas toujours avoir; il faut, par suite, ménager les balles. La balle manque plus souvent son but que la baïonnette : par suite, la balle est une folle et la baïonnette une luronne. De plus, Souvorof ne mentionne pas qu'un soldat peut tirer, même sans être brave, tandis que, pour l'attaque à la baïonnette, la bravoure est une condition essentielle; il ne le mentionne pas parce qu'il est inutile de s'étendre sur ce sujet dans une instruction faite aux soldats.

Passant ensuite mentalement au combat, il trace un croquis saisissant de la manière dont le soldat doit opérer dans le corps à corps avec l'adversaire, et ce croquis a pour but unique de montrer la supériorité de la baïonnette sur la balle : « Frappe une fois et rejette le mécréant de ta baïonnette parce que, bien que mort (il n'admet pas qu'après un coup de baïonnette l'ennemi puisse rester vivant), il peut t'égratigner le cou avec son sabre. »

« Le sabre est sur ton cou! Bondis un pas en arrière,
» frappe de nouveau! frappe un second, frappe un troi-
» sième! Un preux en embroche une demi-douzaine et
» même plus, comme je l'ai vu! Ménage la balle dans le
» fusil! Il en accourt trois sur toi : embroche le premier, tire
» sur le second, tue le troisième d'un coup de baïonnette.
» Cela est rare, mais on n'a pas le temps de recharger. »

Pour te garer d'un coup de sabre sur le cou, bondis un pas en arrière et frappe de nouveau. Un preux embroche une demi-douzaine d'ennemis et même plus, comme je l'ai vu. Quand Souvorof avait vu de pareils preux, le soldat pouvait-il douter, après une telle affirmation, de l'efficacité et de l'excellence de la baïonnette?

Vient ensuite un nouveau retour à l'économie des balles et à la supériorité de la baïonnette.

« Dans l'attaque, ne te ralentis pas ! Pour le tir, exerce-» toi beaucoup à la cible ! Achète vingt balles en plomb par » homme, cela coûte peu ! Nous faisons un tir ajusté ; chez » nous, la trentième balle est perdue, mais dans l'artillerie » de campagne et régimentaire est-ce qu'ils perdent moins » d'un coup sur dix ? »

Pour l'attaque, marcher rapidement en avant. Afin de devenir expert dans le tir, s'exercer plus souvent à la cible ; une dépense de vingt balles par homme (probablement chaque année) ne coûte pas beaucoup. Nous tirons juste : il n'y a qu'une balle sur trente de perdue. On le disait pour donner confiance au soldat dans son arme ; on sait que même actuellement le tir est loin d'atteindre une aussi effrayante efficacité.

« La mèche est sur la mitraille ! Jette-toi sur la mi-» traille, elle passera par-dessus ta tête ! A toi les canons ; » à toi les hommes ! Renverse sur place, poursuis, frappe ! » fais grâce aux autres ! C'est un péché de tuer inutilement : » ce sont des hommes comme toi. Meurs pour la Sainte » Vierge ! pour le Tsar ! pour la Maison impériale ! L'Eglise » prie Dieu. A ceux qui restent en vie, honneurs et » gloire ! »

L'ennemi approche la mèche du canon chargé à mitraille : jette-toi sur la mitraille ; c'est le seul procédé pour qu'elle vole au-dessus de ta tête. Et afin de ne pas retenir longtemps l'attention du soldat sur cette minute pénible, il passe tout de suite aux conséquences d'une intrépidité résolue et à ces impulsions morales qui ont toujours éveillé et éveillent encore une abnégation complète dans le cœur du soldat russe : « Les canons sont à toi ! Poursuis, frappe ! fais grâce à ceux qui restent ! C'est un péché de tuer inutilement : ce sont des hommes comme toi. Meurs pour Dieu, pour l'Empereur, pour sa Famille. L'Eglise prie pour ceux qui sont tués; mais ceux qui restent vivants auront en partage la gloire et les honneurs. »

« N'offense pas l'habitant ! Il nous abreuve et nous » nourrit; le soldat n'est pas un brigand. Le butin est » sacré; empare-toi du camp, — tout est à vous; prends la » forteresse, — tout est à vous. A Ismaïl, entre autres choses, » on partageait l'or et l'argent à pleines mains. De même » dans beaucoup d'autres endroits. Ne va jamais au butin » sans ordres. »

Ce n'est pas seulement la justice, ce sont les intérêts bien compris de l'armée qui l'exigent ainsi. L'habitant, non content de fournir le boire et le manger, prête des voitures, procure des renseignements, jusqu'au moment du moins où il n'est pas complètement ruiné. Mais, dès qu'on lui a tout pris, au lieu d'un aide, il devient un ennemi : il ne lui reste plus rien à perdre.

« Prends la forteresse, prends le camp, tout est à vous; c'est un butin sacré. A Ismaïl, et dans d'autres endroits, on se partageait l'or et l'argent à pleines mains (!). » Mais, après avoir montré l'appât du butin, il ajoute, pour une raison facile à comprendre : « Ne va pas au butin sans ordres. » L'art de tenir le soldat en mains ne consiste pas à lui défendre sans raison des choses qu'on ne peut empêcher, mais à les lui permettre dans la mesure et au moment voulus.

« Dans la bataille en rase campagne, il y a trois attaques : » *sur l'aile*, qui est la plus faible. L'aile forte est couverte » par une forêt : ce n'est pas une difficulté ! le soldat passe » même à travers un marais ! C'est dur de franchir une » rivière, tu ne la passeras pas sans pont. Tu sauteras par- » dessus tous les retranchements. L'attaque *sur le centre* » n'est pas avantageuse, à moins que la cavalerie ne se » mette à bien sabrer : autrement, ils nous serreront de » près eux-mêmes. L'attaque *sur les derrières* est très bonne, » seulement pour un faible corps; mais il est difficile à une » armée de faire un mouvement tournant. »

Ce paragraphe explique les conditions d'après lesquelles on choisit le point d'attaque : par suite, Souvorof estimait que non seulement les officiers mais même les soldats devaient les connaître. C'est encore une preuve de l'insistance qu'il mettait à exiger que chaque entreprise fût comprise par toute la hiérarchie de l'armée sans exception. Cette même pensée se trouve exprimée encore plus clairement dans son ordre nº 7 aux Autrichiens, où il exige que tous les soldats connaissent l'ordre de mouvement.

Il y a lieu de remarquer ici l'adresse avec laquelle Souvorof, après avoir dit qu'il vaut mieux choisir l'aile la plus faible pour le point d'attaque, passe tout de suite à cette idée qu'il n'est pas difficile d'attaquer l'aile, même quand elle est forte; une forêt, un marais, des retranchements n'arrêtent pas le soldat; il n'y a que « la rivière qui soit difficile à traverser » (mais cela n'est pas impossible). Ainsi, tout en faisant allusion aux considérations qui doivent guider dans le choix du point d'attaque, il s'efforce en même temps d'éviter l'inconvénient d'être compris trop à la lettre, c'est-à-dire de laisser croire qu'il n'est possible d'attaquer que les points faibles. Souvorof savait qu'en pratique le *mieux* n'est pas toujours *possible* et que, pour obtenir le mieux, on laisse souvent échapper ce qui est possible et on n'obtient rien du tout.

Ensuite, après avoir indiqué les propriétés de l'attaque sur le centre et sur les derrières, il passe d'abord aux formations de combat, puis à l'action en rase campagne contre une position non fortifiée, et contre une position fortifiée, et enfin à l'assaut des retranchements renforcés par des obstacles artificiels. Et, dans tout ceci, jamais un mot relatif à la défense.

« *Bataille en rase campagne :* En ligne contre des troupes » régulières; en carrés contre les musulmans, et il peut » arriver aussi contre les Turcs qu'un carré de 500 hom- » mes ait à rompre une foule de 5.000 et 7.000 hommes,

» avec l'aide de carrés flanquants. Il peut arriver que l'en-
» nemi s'élance en colonne ; mais cela ne s'est pas encore
» vu. Il y a de petits Français, impies, volages et écervelés,
» qui font la guerre aux Allemands et aux autres avec des
» colonnes. S'il nous arrivait de lutter contre eux, il nous
» faudrait aussi les battre avec des colonnes. »

Le point particulièrement remarquable, dans ce paragraphe relatif aux formations de combat, c'est le conseil qu'il donne de lutter contre les Français avec des colonnes. Souvorof écrivait entre 1790 et 1800, alors que les armées de la Révolution commençaient à peine leurs campagnes. Si nous nous souvenons, à côté de cela, qu'en 1805, à Austerlitz, nous combattions encore en lignes minces, nous verrons clairement à quel point Souvorof avait le regard perçant en matière de guerre et à quel point il avait été peu compris et vite oublié.

« *La bataille contre des retranchements* a lieu d'après les
» mêmes principes qu'en rase campagne : le fossé n'est
» pas profond, l'escarpe n'est pas haute! saute dans le
» fossé, franchis l'escarpe, attaque à la baïonnette, frappe,
» poursuis, fais des prisonniers! Souviens-toi de couper
» la retraite ; ici, la cavalerie est commode. A Prague, c'est
» l'infanterie qui a coupé la retraite, parce qu'il y avait
» trois rangées et plus de retranchements et toute une for-
» teresse : c'est pourquoi on avait attaqué en colonnes. »

C'est-à-dire l'attaque contre des retranchements s'exécute en ligne comme l'attaque contre une position qui n'est pas fortifiée. Mais, s'il y a plusieurs lignes de retranchements, il vaut mieux marcher en colonnes, comme cela s'est fait au siège de Prague. Les dispositions de l'attaque sont exposées dans la mesure nécessaire pour que le soldat et ses chefs immédiats sachent que ce n'est pas une chose difficile : « Le fossé n'est pas profond, l'escarpe n'est pas haute! jette-toi dans le fossé, franchis l'escarpe, attaque à la baïonnette, frappe, poursuis, fais des prisonniers ; souviens toi de couper la retraite! D'ailleurs c'est plutôt du ressort de la cavalerie. A Prague, l'infanterie a coupé la retraite, parce que la cavalerie n'avait pas où passer, ni où agir; elle était arrêtée par trois lignes et plus de retranchements et par une forteresse tout entière. »

« *Assaut.* — Brise les abatis, jette les claies sur les trous » de loup, cours rapidement, saute par-dessus les palis» sades, jette des fascines, descends dans le fossé, dresse » des échelles! Les tirailleurs préparent le chemin aux » colonnes; ils visent les têtes des ennemis! Les colonnes » volent par-dessus la muraille sur l'épaulement, frappent, » se déploient en ligne sur le rempart : mets des postes » aux magasins à poudre; ouvre les portes à la cavalerie. » L'ennemi s'enfuit dans la ville, tourne ses canons contre » lui. Tire vivement dans les rues, bombarde violemment; » ce n'est pas le moment de les suivre. *Ordre* : descends » en ville, coupe les rues à l'ennemi. La cavalerie sabre! » N'entre pas dans les maisons, bats-toi sur les places, » donne l'assaut où l'ennemi s'est arrêté; occupe la place » principale, établis des postes, envoie immédiatement » des piquets aux portes, aux magasins à poudre et d'ap» provisionnement. L'ennemi s'est rendu, épargne-le; la » muraille est occupée, au butin! »

Assaut des fortifications ou des places, renforcées par des obstacles artificiels. — Ce paragraphe expose la suite des opérations nécessaires pour donner l'assaut à une place renforcée par des abatis, des trous de loup, une palissade sur le chemin couvert et un fossé avec escarpe et contrescarpe en pierre. Le texte est si énergique et si bref qu'il ne peut pas ne pas rester dans la mémoire du dernier soldat; il est si explicite qu'il n'y a rien à y ajouter : il suffit de rétablir, dans l'exposition narrative, quelques omissions qui se sous-entendent d'elles-mêmes dans le style adopté par Souvorof.

« Brise les abatis, jette les claies sur les trous de loup

(ces deux obstacles s'établissent soit en avant du glacis, soit sur le glacis même), cours rapidement (à la crête du glacis), saute par-dessus les palissades, jette des fascines dans le fossé, dresse des échelles (contre l'escarpe du fossé tourné vers la plaine). Pendant ce temps, que les tireurs agissent sur l'ennemi! Les colonnes volent (par les échelles) par-dessus les murailles sur le parapet; frappe l'ennemi et renverse-le; établis ta ligne sur le rempart (pour donner le temps à ceux qui sont en arrière d'arriver) et place des postes auprès des magasins à poudre (sur le terre-plein); ouvre les portes à la cavalerie. Dès que l'ennemi s'enfuit dans la ville, tourner ses canons contre lui et ouvrir un feu vif mais court d'artillerie et d'infanterie dans les rues; on n'a pas beaucoup de temps à perdre ainsi. Quand l'ordre en est donné, descendre dans la ville, couper les rues à l'ennemi. La cavalerie sabre. N'entre pas dans les maisons, mais attaque l'ennemi sur les places; donne l'assaut là où l'ennemi a pris position (c'est-à-dire où il a barré le chemin vers les endroits découverts, d'où il faut avant tout le chasser). La place principale occupée, établir des postes et envoyer aussitôt des piquets aux portes, aux magasins à poudre et d'approvisionnement. Dès que l'ennemi s'est rendu, ne pas continuer une lutte inutile, mais occuper tous les remparts, et au butin. »

« *Trois qualités militaires :* la première, le *coup d'œil*, pour » voir comment établir son camp, comment marcher, où » attaquer, poursuivre et battre l'ennemi.

» La deuxième, la *promptitude.* »

Tout, à la guerre, dépend effectivement du coup d'œil et de la promptitude. La théorie ne peut qu'enseigner les moyens à employer pour atteindre le but; mais ce qu'il est nécessaire de faire dans un cas donné et à quelle minute précise il faut le faire, un œil expérimenté seul peut le voir. L'importance de la promptitude vient surtout de ce qu'elle permet d'obtenir la surprise aussi bien dans l'attaque elle-même que dans l'apparition devant l'ennemi; on sait d'ailleurs quelle impression produit la surprise.

En outre, la promptitude peut suppléer, dans une certaine mesure, à l'infériorité numérique. Supposons qu'un détachement ennemi de 10.000 hommes soit dispersé sur une distance de deux marches et que le vôtre, qui ne compte que 3.000 hommes, soit également étendu. Si, grâce à la promptitude de ses mouvements, votre détachement se concentre avant celui de l'ennemi, il aura la possibilité de le battre en détail et, par suite, d'obtenir le même résultat que s'il avait eu des forces supérieures. En général, la promptitude permet d'atteindre l'ennemi à l'improviste (au sens étroit et dans la plus large acception de ce mot) et offre ainsi, pour le choc, des minutes telles que n'en peut préparer par son feu aucune artillerie.

« *Marche*. — L'artillerie marche une demi-verste et une » verste (1) en avant, afin de ne pas être une gêne dans les » montées et les descentes. La colonne se rapproche : elle » gagne de nouveau sa distance. Arrivée au pied de la » hauteur, elle trotte dans la plaine. La marche s'exécute » par files, ou par quatre, dans les chemins resserrés, » dans les rues, sur les ponts étroits, dans les terrains humides et marécageux, dans les sentiers; ce n'est qu'au » moment d'attaquer l'ennemi qu'on marche par section » pour raccourcir la colonne. Ne t'arrête pas, amuse-toi, » joue, chante, bats du tambour, fais résonner la musique! » Dix verstes sont faites : la première section enlève les » vents et se couche; après elle, la deuxième section, puis » les autres successivement. La première n'attend pas les » autres! la colonne s'allonge pendant le mouvement, si on » marche par quatre, de la moitié de sa longueur; si on » marche par files, de sa propre longueur. Au repos, elle

---

(1) Verste = 1.067 mètres.

» occupe un pas; en marche, elle en occupe deux; au » repos, sa longueur est d'une verste, en marche, elle est » de deux verstes; elle occupait deux verst s au repos, » elle en occupe quatre en marche. Alors les premières » sections devraient perdre une demi-heure à attendre les » dernières! Après les dix premiers kilomètres, une heure » de repos. La première section se lève vivement, endosse » les vents, et court en avant de dix à quinze pas; si c'est » au sortir d'un défilé de montagne, ou au pied d'une » montagne, elle gagne en courant de quinze à cinquante » pas. Et de même section par section, pendant que les » dernières se reposent! Encore dix kilomètres! Halte! » Repos, pendant une heure et plus. Si la troisième por- » tion de la route est petite, on peut partager les deux » dernières par moitié, et alors repos trois quarts d'heure » et une demi-heure, ou même un quart d'heure afin que » les enfants puissent aller le plus vite possible à la soupe. » Il s'agit là de l'infanterie. »

La cause d'une aussi grande distance entre l'artillerie et l'infanterie pendant les marches tenait à ce que l'artillerie d'alors n'était pas très mobile, ce qui se faisait surtout sentir dans les montées et les descentes; aussi y est-il fait allusion dans ce paragraphe. L'infanterie marche par files ou par quatre, et ce n'est qu'avant de prendre l'ordre de combat qu'elle doit former les sections afin « de raccourcir la colonne ».

Ensuite vient l'exposé du procédé de marche qui occasionne le moins de fatigue et le moins d'ennui aux hommes. On y voit avec quelle attention Souvorof tenait compte de cette particularité que, chez l'homme, tout dépend de la disposition morale. Tous ceux qui ont fait des marches, surtout à pied, savent jusqu'à quel point elles sont pénibles et fatigantes, surtout à cause de leur monotonie. C'est pour l'éviter que Souvorof édicte les prescriptions suivantes : « Ne t'arrête pas, amuse-toi, joue, chante, bats du tambour, fais résonner la musique — dix verstes sont faites (comme si de rien n'était). En arrivant à la halte, la première section enlève les « vents » et se couche; les autres font successivement de même sans attendre les dernières ».

Plus loin, Souvorof explique, et même avec plus de détails que d'habitude, pourquoi on ne doit pas forcer les premières unités à attendre que les dernières aient serré. Il est probable que, déjà à cette époque, il y avait des gens qui, sans y réfléchir, fatiguaient le soldat pour obtenir une régularité et une simultanéité d'exécution entièrement inutiles. En s'étendant sur ce sujet, Souvorof avait certainement en vue ces amateurs de l'ordre pour l'ordre.

Mais qu'est-ce donc que ce « vent » que Souvorof prescrit d'enlever en arrivant à la halte? C'est le havresac qui, d'après l'évaluation la plus modérée, pèse au moins 20 livres (8 kilogr.). Il n'est pas difficile de comprendre quel effet produit ce « vent » sur le dos qui l'a porté pendant l'étape. Il faut donc entraîner le soldat non seulement à n'y pas penser, mais à s'en amuser, à marcher fièrement et à trouver que ce poids ne lui est rien, ne lui est pas plus lourd que le vent. Et quand Souvorof trouve que le havresac est du vent, alors qu'il l'a porté lui-même pendant sept ans, comment le soldat ne pourrait-il pas être du même avis, lui qui écoutait avec avidité toutes ses saillies, toutes ses remarques et qui croyait en lui comme en Dieu? Tout le monde sait qu'un seul et même fardeau, qu'une même privation ne sont pas toujours également pénibles, suivant la disposition morale avec laquelle on les accepte. Il suffit, par exemple, de se convaincre, au moindre petit chagrin, que c'est un malheur sans remède, et il prendra effectivement des dimensions telles qu'on se laisse abattre et que les bras vous en tombent sans force. Il suffit, au contraire, de prendre en plaisantant des situations réellement pénibles pour arriver à en sortir sans dommage sérieux. Par des saillies dans le genre du « vent », Souvorof forçait le soldat à considérer avec gaîté et humour les côtés ennuyants du service ; et la gaîté chasse la méchanceté, empêche le découragement.

« La cavalerie est en avant et marche à son allure ! Pied » à terre ! elle se repose peu et au bout de plus de dix kilo- » mètres, afin de permettre aux chevaux de réparer leurs » forces au gîte ! Les voitures de cuisine avec les caisses de » tentes en avant. Les frères sont arrivés ! Vite à la soupe ! » le chef cuisinier crie : « A la soupe ! »

» Pour le déjeuner, quatre heures de repos ; de même au » gîte, de six à huit heures de repos ; cela dépend du che- » min. A proximité de l'ennemi, les marmites avec les vi- » vres sont assujetties sur les caisses de tentes et on ajoute » par-dessus une provision de bois.

» Avec cette rapidité, les hommes ne sont pas fatigués » et l'ennemi ne s'attend pas à nous ; il nous croit encore à » 100 verstes et, s'il est loin, à 200 ou 300 verstes et même » plus. Et tout à coup nous tombons sur lui, comme la » neige tombe sur notre tête. La tête lui tourne ! Attaque » avec ce que Dieu t'envoie ! Commence avec la cavalerie ! » sabre, pointe, poursuis, coupe la retraite, n'en laisse pas » échapper ! Hourra ! Les frères font des prodiges ! »

C'est-à-dire que la cavalerie marche en avant de l'infanterie ; elle se repose quand elle a parcouru plus de dix verstes, mais elle reste peu de temps sur place afin que les chevaux puissent réparer leurs forces au gîte. Les cuisiniers avec leurs voitures et les caisses de tentes (1) précèdent le mouvement. Les frères (2) sont arrivés, la soupe est prête ; le chef cuisinier appelle à la soupe. A la grand'-

(1) Alors on dressait les tentes à chaque gîte d'étape ; actuellement, avec les tentes portatives, on procède encore de même. Il va de soi que le procédé de marche ainsi décrit suppose que l'ennemi est encore loin.

(2) C'est-à-dire la cavalerie ; Souvorof l'appelle les frères, probablement par rapport à l'infanterie.

halte le repos est de quatre heures (premier repas), au gîte il est de six à huit heures. A proximité de l'ennemi, les marmites et le bois sont placés sur les caisses de tentes (c'est-à-dire que les voitures de cuisine restent à l'arrière).

Souvorof termine ce paragraphe en indiquant les avantages d'une marche rapide et ne manque pas l'occasion de pousser la chose jusqu'à la fin : « Attaque avec ce que Dieu t'envoie! La cavalerie commence; sabre, pointe, poursuis, coupe la retraite, n'en laisse pas échapper. Hourra! Les frères (1) font des prodiges. » C'est la peinture de l'engagement du combat par la cavalerie de l'avant-garde. Ensuite vient la formation en ordre de combat et l'attaque par le gros des forces.

« *La troisième [qualité militaire]*, c'est *une attaque vive*. » Le pied soutient le pied, la main renforce la main! Le » feu cause beaucoup de pertes! L'ennemi a les mêmes » bras que nous, mais il ne connaît pas la baïonnette » russe! Déploie ta ligne, attaque tout de suite à l'arme » blanche! Tu n'as pas le temps de déployer ta ligne, at- » taque en sortant du couvert, du défilé; si tu as de l'in- » fanterie, à la baïonnette; si la cavalerie est là aussi, il » n'y a pas d'obstacle sur une verste. La mitraille passe » au-dessus de la tête, les canons sont à toi. Habituel- » lement, la cavalerie enfonce d'abord, l'infanterie court à » sa suite, mais il faut toujours de l'ordre. La cavalerie » doit agir partout, comme l'infanterie, sauf dans les » terrains marécageux : là, on tient les chevaux par la » bride. Les cosaques se glissent partout. Quand la vic- » toire est définitive, la cavalerie poursuit et sabre. La » cavalerie est occupée (2). L'infanterie ne s'arrête pas;

---

(1) C'est-à-dire la cavalerie peut faire des prodiges.

(2) C'est-à-dire est arrêtée. Dans la langue de Souvorof, le mot « s'arrêter » n'existe pas. La cavalerie peut être occupée, elle ne peut être arrêtée.

» sur deux rangs, elle est forte, sur trois elle est une fois » et demie plus forte; le premier perce, le second renverse, le troisième achève (1). »

La troisième qualité militaire, c'est l'attaque vive; marche avec les autres, aide les camarades, ne perds pas beaucoup de temps à tirer, — cela entraîne de grandes pertes : l'ennemi tire, lui aussi; mais il ne travaille pas de la baïonnette comme nous. Aussi, dès que la formation de combat est prise, tout de suite à la baïonnette. Si le terrain ne permet pas de se déployer, marche néanmoins à la baïonnette, même en sortant d'un défilé. Si tu te décides à l'attaque, les canons sont à toi (2). La cavalerie fait la brèche, l'infanterie s'y précipite derrière elle, mais sans se disperser. La cavalerie doit agir partout où agit l'infanterie. Les cosaques se glissent partout. Dans la poursuite finale, la cavalerie presse l'ennemi et le sabre; mais, si elle est arrêtée, l'infanterie la soutient.

La conclusion de ce paragraphe est une phrase énergique, qui dépeint encore en deux ou trois coups de pinceau la dernière scène de la lutte décisive.

L'hôpital.

« Crains l'hôpital! les médicaments allemands viennent » de loin; ils sont gâtés, toujours impuissants et nuisibles! » Le soldat russe n'y est pas habitué. Chez nous, dans les » escouades, il y a des racines, des herbes! Le soldat est » précieux : veille à ta santé. Ton estomac fonctionne » mal, purge-le; la faim est le meilleur des médicaments.

(1) Maintenant cela se rapporte aux lignes.

(2) Nous avons pris pour ce passage une version donnée par le comité de l'état-major russe qui diffère un peu du texte admis par le général Dragomirof. D'après cette version, le sens serait celui-ci : « Au sortir d'un défilé, s'il n'y a que de l'infanterie, elle attaque tout de suite; s'il y a aussi de la cavalerie, elle ne doit pas rencontrer d'obstacle si étendu qu'elle ne puisse le tourner pour attaquer aussi. La mitraille passe par-dessus la tête quand on se précipite à l'attaque et les canons sont vite pris. »

» Si quelqu'un ne ménage pas ses hommes, qu'on le mette » aux arrêts, s'il est officier; qu'on le fouette, s'il est sous- » officier ou caporal, et qu'on donne aussi des verges à » celui qui ne se ménage pas lui-même. Tu as la diarrhée » et tu veux manger! au coucher du soleil, ne mange » qu'un peu de gruau sec avec un petit morceau de pain; » si tu es constipé, prends une infusion de bétoine ou de » racine d'oseille sauvage. Souvenez-vous, Messieurs, du » manuel médical de campagne du docteur Bélopolsky : » — Avec la fièvre typhoïde, ne mange pas, au moins pen- » dant douze jours, mais bois du kwass (1) de soldat, c'est » le seul remède. Avec une simple fièvre, ne bois ni ne » mange, c'est ta punition. Pourquoi n'as-tu pas fait at- » tention à toi?

» A l'hôpital, le lit est doux le premier jour; le second » jour, c'est de la soupe maigre; le troisième jour, le » cercueil t'attire à lui. L'un meurt et une douzaine de » voisins aspirent son souffle mortel. On laisse au camp » les malades faibles; les souffreteux sont installés dans » des huttes et non dans les villages : l'air est plus pur. » Toutefois on ne peut se passer de lazaret, ni en général » de malades; là, il ne faut pas ménager l'argent afin » d'avoir de bons médicaments, si on peut en trouver en » outre de ceux qu'on possède, et afin de procurer d'autres » choses utiles aux soldats mais sans superfluités. Tout » cela d'ailleurs n'a pas grande importance; nous savons » faire attention à nous; où il en meurt un sur cent chez » les autres, il en meurt à peine un sur cinq cents par » mois chez nous. Pour l'homme bien portant, le grand » air est une nourriture; pour le malade, le grand air est » une boisson.

« Mes preux, l'ennemi tremble devant vous! Mais il y a » un ennemi encore plus grand que l'hôpital : c'est le mau-

(1) Boisson fermentée que l'on tire de la farine de seigle.

» dit « je ne sais pas » avec ses remarques, ses sous-» entendus, ses mensonges, ses astuces, son verbiage, sa » douceur, sa duplicité, sa politesse, sa sottise, ses mots » inarticulés qui n'ont ni sens ni suite (kraï, prikako, a » foko, vaïrkakue, rove, ado, etc.). J'ai honte de le dire : » le « je ne sais pas » cause de nombreux, nombreux » malheurs! »

Cette partie est si claire qu'il n'est pas nécessaire de la commenter. Tout le monde sait, pour l'avoir entendu si on ne l'a pas éprouvé, ce qui se fait dans les hôpitaux, particulièrement en temps de guerre; et combien est juste l'expression de Souvorof relative au « souffle mortel »! D'ailleurs, même en temps de paix, on ne saurait dire que l'air des hôpitaux est absolument pur. Souvorof, en dictant cette instruction, se montrait scrupuleusement fidèle à la réalité et répondait de plus aux instincts secrets du paysan russe, qui regarde les hôpitaux d'un œil très méfiant (1).

Sans risquer de s'attirer le reproche d'une grande exagération, on peut supposer que, si on utilisait la moitié des dépenses causées par les hôpitaux à améliorer l'ordinaire des soldats, il y aurait probablement moins de malades. Il est souvent trop tard pour guérir une maladie alors qu'elle s'est assez développée pour apparaître à l'extérieur; il est bien meilleur et plus rationnel de s'attacher à fortifier l'organisme afin qu'il puisse résister aux causes productrices du mal.

Souvorof termine ce paragraphe par la célèbre flétrissure qu'il inflige à l'ignorance voulue : « je ne puis pas savoir ». C'est un recueil de mots auxquels il donne la même désinence et qui définissent le « je ne sais pas » sous

(1) Pendant la dernière épidémie de choléra en Russie, des émeutes ont éclaté sur plusieurs points et le peuple voulait faire un mauvais parti aux médecins des hôpitaux, qu'il accusait de lui jeter des sorts. C'est d'ailleurs une disposition d'esprit qui se renouvelle à chaque épidémie en Russie.

tous ses aspects; il se termine par des paroles, celles-là absolument incompréhensibles. Toutefois, d'après les premiers (kraï, prikaké), il est possible de se demander si ce n'est pas une parodie du « comme vous le voulez », phrase dont le bouclier respectable constitue souvent un refuge très sûr et très tranquille pour l'irrésolution et la crainte de la responsabilité.

« Le soldat doit être bien portant, brave, ferme, résolu, » juste, religieux. Prie Dieu, c'est lui qui donne la victoire! » Les preux font des prodiges. Dieu nous conduit, il est » notre général.

« Pour le « je ne peux pas savoir », mettre l'officier aux » arrêts et, s'il est officier supérieur, aux arrêts de rigueur. » L'instruction, c'est la lumière! L'ignorance, c'est l'obscu- » rité! L'œuvre craint l'ouvrier. Si le paysan ne sait pas » se servir de la charrue, le blé ne poussera pas! Pour un » homme instruit, on donne trois ignorants. Pour nous, » c'est peu de trois : donnez-nous en six, donnez-nous en » dix pour un! Nous les battrons, nous les renverserons, » nous les prendrons tous! Dans la dernière campagne, » l'ennemi a perdu soixante-quinze mille hommes, presque » cent mille; et nous, nous n'avons pas même perdu un » millier d'hommes! Voilà, camarades, l'instruction mili- » taire! Messieurs les officiers, quel triomphe! »

Remarque. — Ensuite on commandait : « A l'ordre! Les sentinelles des ailes en avant! A la garde, marche! » Les mots d'ordre, de ralliement et de passe une fois donnés aux généraux ou autres chefs, on adressait quelques mots d'éloge ou de blâme à la garde. Puis on prononçait à haute voix les mots suivants :

« Subordination (obéissance), exercice (manœuvre), dis- » cipline, propreté, santé, bonne humeur, hardiesse... vic- » toire! gloire! gloire! gloire! »

Souvorof termine son *Art de vaincre* par l'énumération des qualités nécessaires au soldat et appelle l'attention de préférence sur le côté moral (la bravoure, la fermeté, la décision, la justice, le sentiment religieux). Après avoir remarqué que, pour un homme instruit, on en donne trois qui ne le sont pas, il ajoute : « C'est peu de trois pour nous, qu'on nous en donne six, qu'on nous en donne dix pour un, — nous les battrons, nous les renverserons tous, nous les ferons tous prisonniers. » Sur les lèvres de Souvorof, ce n'était pas une vaine bravade, mais une vérité sacrée ; et, exprimée aussi énergiquement, elle ne pouvait manquer de s'implanter profondément dans l'âme du soldat qui était préparée à recevoir ses leçons par la confiance que lui inspiraient ses victoires et par son amour pour lui. Il cite alors un exemple historique (!) : « Comment, dans la dernière campagne, l'ennemi avait perdu soixante-quinze mille hommes, alors que nous n'en n'avions pas même perdu un millier. » Il ne faut pas juger cette exagération au point de vue d'une sagesse banale et de la véracité habituelle ; on ne doit pas oublier que Souvorof s'adressait alors à des gens d'une trempe épique, c'est-à-dire pour qui il n'y avait rien d'invraisemblable à ce qu'un seul héros renversât jusqu'à dix mille ennemis. Et là ce n'est pas d'un héros unique qu'il s'agit, c'est d'une armée entière de héros.

Enfin, après la transmission du mot d'ordre, on rappelle encore une fois les qualités qui sont nécessaires à l'homme de guerre et qui ont infailliblement comme conséquence « la victoire, la gloire, la gloire, la gloire ».

On ne saurait non plus analyser cette énumération, on doit la considérer dans son entier et juger de l'impression générale qu'elle devait produire sur la masse : cette impression répond complètement à ce que Souvorof s'efforçait d'obtenir du soldat. Il savait que, lorsqu'on s'adresse aux masses, la construction logique est moins importante que la musique du discours, et il excellait à se servir de la parole. Une preuve qu'il avait bien cette idée et qu'il visait précisément ce genre d'effet dans sa dernière énumération, c'est que l'une de ses instructions aux Autrichiens se termine nettement par ce conseil qu'après l'instruction il n'est pas mauvais d'adresser au soldat quelques paroles énergiques..... Mais ce qui était facile pour lui constitue une difficulté insurmontable pour la plupart des gens. Il faut, pour cela, connaître le soldat comme le connaissait Souvorof; il faut se fondre avec lui d'âme et de corps comme Souvorof : alors, et seulement alors, la langue se délie et il coule des lèvres ces paroles, en apparence sans suite, qui traversent les masses d'une étincelle électrique et qui font d'elles un seul être, rempli d'une bravoure indomptable et d'un esprit de sacrifice sans bornes; un être qui accomplit de grandes choses parce qu'il marche à la mort sans hésitation, sans regrets, sans le moindre regard en arrière, et qui considère cette conduite non pas comme une action héroïque, mais simplement comme l'exécution du devoir et de la volonté de son chef aimé. Pour acquérir cette puissance magique sur ses semblables, il avait fallu que Souvorof, même avec ses qualités innées, servît sept ans comme simple soldat. A cette rude école, il avait compris que, pour conduire les masses, il faut dormir, manger, s'habiller, penser, marcher comme elles. Dès qu'il se fut pénétré de cette conception, en dépit de sa haute situation, il conserva le même genre de vie, le même moule d'idées, à tel point que, dans ses rapports avec d'autres que les soldats, il était, en paroles comme en écrits, aussi concis, aussi bref, aussi énergique que dans son *Art de vaincre*. S'étant ainsi fondu avec la masse, il ne pouvait pas ne pas agir sur elle, puisqu'il était lui-même une partie de cette masse. Et cette masse, à son tour, lui en était reconnaissante et le lui témoignait par sa confiance, par son dévouement sans limites : elle le lui témoigne encore par le souvenir qu'elle a gardé de lui jusqu'ici et qui longtemps vivra encore dans la mémoire du soldat russe.

FIN DE « L'ART DE VAINCRE »

Instructions et ordres donnés par Souvorof à l'armée autrichienne en 1799 (1).

I

« L'infanterie doit s'exercer contre l'infanterie, puis » contre la cavalerie; la cavalerie contre la cavalerie, puis » contre l'infanterie. L'infanterie, en position, tire contre » une attaque d'infanterie à partir de 60 pas, et, à 30 pas, » elle s'élance elle-même à la baïonnette. Dans l'attaque, » agir à l'arme blanche. Employer toujours le pas régle- » mentaire d'une archine (0m,71); dans les conversions, » d'une archine et demie. — Quand on est à 160 mètres de » l'infanterie ennemie, courir en avant d'une quinzaine de » pas — si c'est de la cavalerie, elle galope une soixan- » taine de mètres — à travers la zone battue par la mi- » traille de l'artillerie lourde, afin que les éclats passent » par-dessus les têtes; on exécute le même mouvement à » 120 mètres, s'il s'agit de l'artillerie régimentaire (2). La » zone battue efficacement par le fusil d'infanterie est de » 60 pas; on parcourt cette distance avec les baïonnettes (3). » La cavalerie agit d'après les mêmes principes. »

---

(1) Ces prescriptions ont été édictées par Souvorof alors qu'il avait pris le commandement des armées austro-russes opérant en Italie contre les armées françaises : elles avaient pour but de dresser l'armée autrichienne d'après son système préféré et forment par suite une sorte de commentaire de *L'Art de vaincre*.

(2) Il y avait alors, outre l'artillerie de campagne ou lourde, une artillerie régimentaire du calibre de 3 livres, qui marchait avec l'infanterie et la cavalerie. La mitraille n'avait d'efficacité qu'aux petites distances, telles que 160 et 120 mètres.

(3) C'est-à-dire en croisant la baïonnette.

II

« Dans le rang se tenir coude à coude. Les conversions et » les déploiements se font ordinairement au pas accéléré.

» La marche s'exécute en colonne par sections, face à » droite ou à gauche. Le pas est d'une archine (1); dans les » conversions d'une archine et demie.

» On rétablit le front à l'aide d'une conversion par » section.

» *Prépare-toi à l'attaque!* — Alors feu par sections du- » rant un court laps de temps.

» Au commandement : « *Prépare-toi* », les hommes du » dernier rang se jettent brusquement à droite et se for- » ment sur deux rangs, puis se jettent de nouveau à leurs » anciennes places (2). Ne pas s'occuper longtemps à cet » exercice. . . . .

» Au signal : *Marche! en avant!* les lignes s'avancent à » une allure pleine et vive. — *L'arme dans le bras droit!* — » Tenir les baïonnettes obliquement sans le secours de la » bretelle. — Si on en vient aux mains, contre la cavalerie » frapper le cheval et le cavalier, contre l'infanterie tenir » la baïonnette plus bas et plus près avec les deux mains. » A 160 mètres, c'est la mitraille des gros canons, l'infan- » terie se précipite en avant d'une quinzaine de pas; même » mouvement à 120 mètres, quand il s'agit de la mitraille » des canons légers. — La mitraille ennemie passe par- » dessus la tête.

---

(1) A la suite d'un engouement pour la beauté des pas d'instruction, on avait ramené la mesure du pas à trois quarts d'archine dans les règlements du temps de paix. C'est pourquoi Souvorof rappelle souvent la mesure du pas de guerre.

(2) On ne sait pas au juste quel était le but de ce dédoublement : peut-être était-ce une répétition de ce qu'il y avait à faire dans les attaques traversantes au moment du corps-à-corps.

» Lorsque la ligne est à 60 pas de l'ennemi, les officiers » se précipitent en passant par les ailes et crient : « *Hourra! » Franz!* » Les soldats foncent sur l'ennemi à la baïonnette. » — Alors, c'est le sang ! »

III

» Avec la baïonnette un homme seul peut en tuer trois, » parfois quatre, tandis que les balles s'envolent par cen- » taines dans les airs. Les cosaques doivent toujours se » tenir derrière l'infanterie; leur vitesse achève la vic- » toire... et, dès que l'ennemi sera battu, aucun homme ne » s'échappera.

» La promptitude des mouvements et la vivacité de » l'attaque sont l'âme de la guerre actuelle. — C'est la » poursuite seule qui anéantit l'ennemi en fuite.

» La magnanimité sied au vainqueur. — L'ennemi en » fuite accueille volontiers sa grâce. Mort ou captivité, c'est » tout un (1).

» La nourriture soutient les forces de l'homme. — Dans » certaines circonstances, il faut se contenter de peu. La » cavalerie se fournit elle-même de fourrage. »

IV

« Il faut placer les cosaques par régiments ou par es- » cadrons, derrière l'infanterie, afin qu'ils poursuivent » immédiatement l'ennemi dès qu'il commence à reculer.

» Dans l'ordre de combat, les cosaques se forment,

---

(1) C'est-à-dire : Pour vous la mort ou la captivité doivent être la même chose. Souvorof ne disait pas ceci aux siens parce qu'il avait confiance en eux; mais il ne fondait pas les mêmes espérances sur des étrangers, et il les prévenait que disposer l'ennemi à demander grâce ou la demander soi-même n'est pas la même chose.

» d'après le terrain, en grandes ou en petites unités, en » arrière ou sur les flancs de la ligne. Dès que la ligne en» nemie est battue, ils excellent à la poursuivre à cause de » leur rapidité et en particulier à ramasser des prisonniers. » Parfois ils doivent crier à l'ennemi : « Pardon ! pardon ! »

V

« Quand l'ennemi s'enfuit, on le poursuit avec le feu de » l'infanterie. Il ne tire pas, n'épaule pas, ne charge pas. » Il est très désavantageux de chercher son salut dans la » fuite (1).

» Et quand il a les baïonnettes derrière lui, il tire encore » plus rarement, — aussi ne pas s'arrêter et accélérer sa » fuite avec les baïonnettes.

» C'est le jour de la préparation aux manœuvres. Dès le » matin s'exercer aux coups de sabre et de baïonnette. De » temps en temps exécuter une attaque vive de l'infanterie » contre l'infanterie, de la cavalerie contre la cavalerie, de » la cavalerie contre l'infanterie, de l'infanterie contre la » cavalerie ; individuellement, par section, par compagnie, » par escadron, par bataillon, par régiment, selon ce qui » sera le plus commode. Il faut surtout ménager les che» vaux ; l'homme se repose plus facilement. »

---

(1) C'est encore une des raisons pour lesquelles Souvorof ne pouvait souffrir le mouvement de retraite et employait tous ses efforts à développer les instincts d'offensive.

VI

Bataille simulée entre deux armées, à l'arme blanche.

« Dans chacune des deux lignes, et en partie dans la » réserve, on ménage de grands intervalles (1). — L'artil- » lerie à cheval s'avance hardiment, indépendamment de » la direction de la ligne, et ouvre le feu. — L'artillerie à » cheval galope en avant comme elle le veut. — Au lieu » de tirailleurs dispersés, avoir dans chaque escouade » quatre bons tireurs. — Ils tirent à leur place de bataille » (dans leur rang et à leur file); mais ils peuvent égale- » ment se porter un peu en avant. — Eviter surtout de » perdre inutilement des balles.

» Quand les deux armées opposées se trouvent à bonne » portée de canon, les lignes assaillantes marchent contre » l'ennemi. Arrivées à 160 mètres, c'est-à-dire à la limite » de la bonne portée de la mitraille, — jusque-là elles » marchaient au pas accéléré, d'une archine et même d'une » archine et demie, — elles se précipitent en avant au pas » de course sur 30 ou 60 mètres, afin que la mitraille passe » au-dessus de leur tête; — commencer ce même mouve- » ment à 120 mètres ou 180 pas des canons régimentaires; » les 60 derniers pas qui séparent du front ennemi sont » parcourus au pas de course avec la baïonnette (2); — on » frappe, on crie : « Vivat Frantz ! » — Les officiers et les » sous-officiers commandent : « Pointe ! Pointe ! »

» L'armée qui reste en position ouvre l'action avec ses » canons. Le feu d'infanterie par pelotons commence à 60

(1) Afin qu'au moment de l'attaque traversante les unités puissent se desserrer des deux côtés.

(2) C'est-à-dire en croisant la baïonnette.

» ou 80 pas, et, quand l'ennemi arrive à 30 pas, la ligne » s'ébranle elle-même et reçoit l'assaillant à la baïonnette. » — Tenir la baïonnette à plat avec la main droite et poin- » ter à l'aide de la gauche. — A l'occasion, rien n'empêche » de frapper de la crosse à la poitrine ou sur la tête de » l'ennemi.

» Voilà tout le secret : l'infanterie traverse l'infanterie et » la cavalerie ; la cavalerie traverse l'infanterie et la cava- » lerie, et, dès que les lignes se sont traversées, elles se » reforment de nouveau à la même distance l'une de l'au- » tre. On commande alors : « Halte » ! La dernière ligne » traverse la précédente et fait demi-tour à gauche. La » cavalerie fait demi-tour à gauche par quatre. Là on se » forme sur le dernier rang.

» La même manœuvre recommence. — L'armée tout à » l'heure assaillante reste maintenant en position, et celle » qui était sur la défensive prend maintenant l'offensive, » d'après les mêmes principes. — *Vince!*

» Il n'est pas mauvais de terminer par quelques paroles » énergiques aux soldats, et puis... aux cantonnements. »

VII

« Le plan d'opérations est donné au quartier général, au » corps d'armée, à la colonne. — Répartir clairement les » régiments. — Calculer toujours le temps. Dans la cor- » respondance avec les commandants des troupes, il faut » exposer l'affaire en cours clairement et brièvement, sous » forme de notes, sans titres pompeux ; fixer pour un jour » ou deux les opérations prévues.

» Il n'est pas suffisant que les principales autorités soient » seules avisées du plan de l'entreprise. Il est nécessaire » aussi que les chefs inférieurs l'aient constamment pré- » sent à la pensée, afin de conduire leurs troupes confor-

» mément à ce plan. Bien plus, les commandants de bataillon, d'escadron et de compagnie doivent le connaître, et, pour la même raison, les sous-officiers et les soldats eux-mêmes. Tout combattant doit connaître sa manœuvre. Le secret est un prétexte plus nuisible qu'utile. Le bavard sera puni, même sans cela.

» On doit joindre au plan un petit croquis sur lequel il n'est pas nécessaire de porter beaucoup de villages, mais seulement les endroits principaux et les plus rapprochés dans la mesure de ce qui peut servir à un simple combattant; il faut aussi donner quelques indications sur les élévations du terrain (1). »

Instruction.

« L'armée d'Italie doit la plus grande partie de ses succès à ses marches rapides et à ses attaques à la baïonnette en rangs serrés; aussi tous ces messieurs les généraux doivent à chaque séjour exercer les troupes qui leur sont confiées à des actions de ce genre.

» Loin de l'ennemi on marche par files, parce que cela est plus facile et plus commode pour les soldats. Après chaque mille allemand (7 verstes), une heure de repos et, si l'étape est de 3 milles 1/2 à 5 milles, on se lève à 2 heures du matin; les chevaux de bât avec les marmites et la viande sont envoyés en avant, afin que les hommes puissent recevoir la nourriture nécessaire pour soutenir leurs forces.

(1) Cet ordre est surtout remarquable en ce sens qu'il constitue un témoignage du soin extrême que Souvorof apportait à ce que le dernier soldat prît part aux entreprises militaires non seulement avec ses bras et ses jambes, mais aussi avec sa tête. Il comprenait que les bras travaillent avec plus ou moins de zèle, que les jambes marchent avec plus ou moins d'ardeur, non pas suivant qu'ils ont été plus ou moins bien exercés, mais suivant ce que pense la tête, suivant la manière dont bat le cœur.

» A une heure environ de l'ennemi, on forme les sections, » et dès qu'on arrive sous le feu de l'artillerie on prend » l'arme sous la crosse et on marche au pas, parce que » c'est le seul moyen d'avancer rapidement.

» A 1.000 pas de l'ennemi, on se forme toujours sur » deux lignes; puis, avec la musique, on s'avance au pas » ordinaire jusqu'à 300 pas de l'ennemi; l'artillerie prend » toujours position de manière à ne pas gêner le mouve- » ment des autres troupes et à pouvoir exécuter un feu » efficace.

» A 300 pas, on commande : *Halte! alignement! Feu par* » *sections! chargez! Sections, préparez armes! joue, feu!*

» Les sections chargent de six à huit fois; pendant ce » temps, l'artillerie tire à mitraille.

» Puis battre : *Cessez le feu!* et, quand les hommes sont » complètement prêts, commander :

» *Attention! attaque sur tout le front! les fusils en équi-* » *libre!*

» Les troupes prennent le fusil en équilibre dans la » main droite et l'y maintiennent solidement.

» *Marche!* — Les troupes s'avancent d'un pas quelque » peu accéléré, au son de la musique et les drapeaux » déployés; quand elles sont à 200 pas de l'ennemi, on » commande :

» *Marche, marche!*

» Les troupes doublent le pas; à 100 pas, on commande » de nouveau :

» *Marche, marche!*

» A ce commandement, les hommes saisissent le fusil » avec la main gauche et se précipitent en courant sur » l'ennemi au cri de : « Hourra! » (1).

---

(1) Ce mode d'attaque montre que Souvorof avait changé son système d'accord avec les perfectionnements du fusil; à cette époque, les Français avaient déjà de la mitraille de fonte, dont l'effet se faisait

» Il faut donner le coup de baïonnette droit au ventre et, » si quelqu'un a échappé à la baïonnette, on lui donne un » coup de crosse.

» Pendant les exercices commander : *Halte!* et battre : » *Cessez le feu* à l'endroit même où l'ennemi est supposé » et qui doit toujours être marqué par une clôture ou par » un clayonnage. MM. les officiers doivent, dans ce cas, » apporter une attention spéciale à ce que le front soit » promptement aligné. La rapidité (1) de l'alignement est » l'âme de l'armée dans un terrain coupé; il faut y exercer » les troupes le plus souvent possible.

» La seconde ligne s'avance en ordre serré, l'arme sur » l'épaule, à une distance de 200 pas de la première, les » bataillons ayant 300 pas d'intervalle.

» La cavalerie se place en troisième ligne ou sur les » flancs de la deuxième, suivant les circonstances; mais » toujours par escadron ou par division. Au moment de » l'attaque elle-même, elle se jette sur les flancs ou sur les » derrières de l'ennemi. Les cosaques restent en colonne » derrière la cavalerie, poursuivent l'ennemi et l'extermi- » nent définitivement.

» Ce mode d'attaque, que je recommande particulière- » ment, doit être communiqué aux felds-maréchaux-lieu- » tenants, aux commandants de brigade et de régiment, » afin qu'ils le suivent exactement et y exercent autant que » possible leurs troupes sans fatiguer les hommes. »

FIN

---

sentir non plus seulement à 160 mètres comme avec le plomb, mais à 300 pas. Par suite, les courses destinées à éviter les pertes dues à la mitraille sont supprimées. Mais tout ce qui se rapporte à la baïonnette reste et restera toujours le même, parce que la baïonnette ne peut être perfectionnée.

(1) C'est-à-dire le rétablissement de l'ordre rompu par l'attaque. Remarquons ici « rapidité » et non « pureté ».

TABLE DES MATIÈRES

	Pages.
INTRODUCTION	5
Extrait de l'œuvre de Duboscage	10
L'art de vaincre	15
Première partie. — Exercice avant la parade	17
Deuxième partie. — Instruction faite verbalement aux soldats sur les connaissances qui leur sont nécessaires	20
Instructions et ordres donnés par Souvorof à l'armée autrichienne en 1794	48

Paris et Limoges. — Imprimerie militaire Henri CHARLES-LAVAUZELLE.

Défauts constatés sur le document original

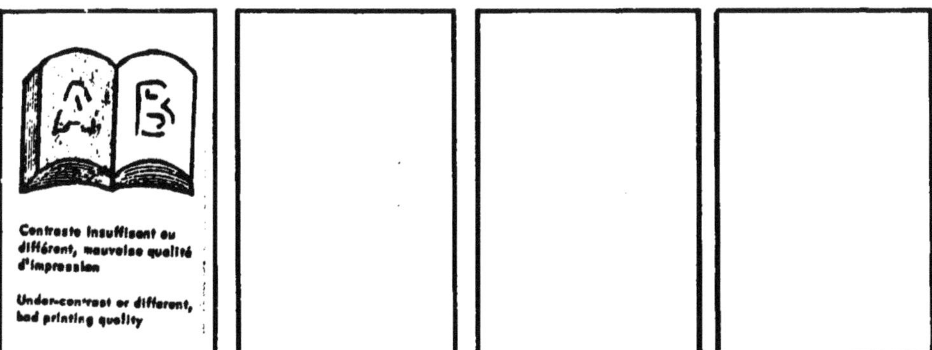

www.ingramcontent.com/pod-product-compliance
Ingram Content Group UK Ltd.
Pitfield, Milton Keynes, MK11 3LW, UK
UKHW021136230726
13926UKWH00002B/837

9 782016 191293